まちごとチャイナ

Shandong 001 Shandong
はじめての山東省
青島・煙台・済南・泰山・曲阜

Asia City Guide Production

【白地図】山東省

CHINA
山東省

山東省

Shandong 白地図

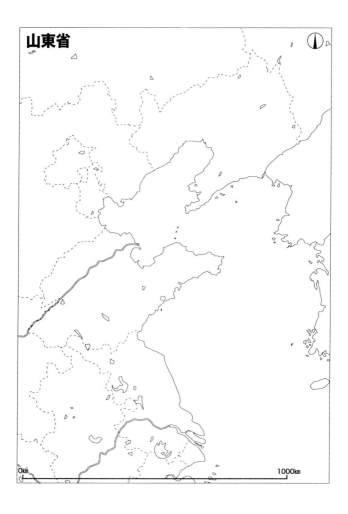

【白地図】青島

CHINA
山東省

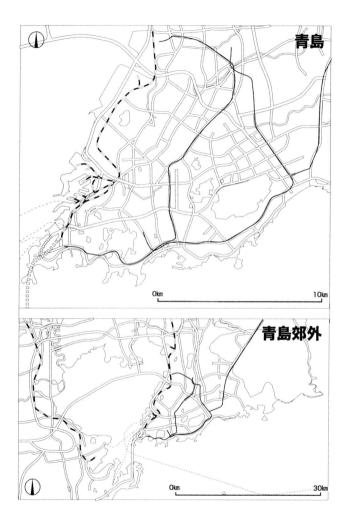

【白地図】青島市街

CHINA
山東省

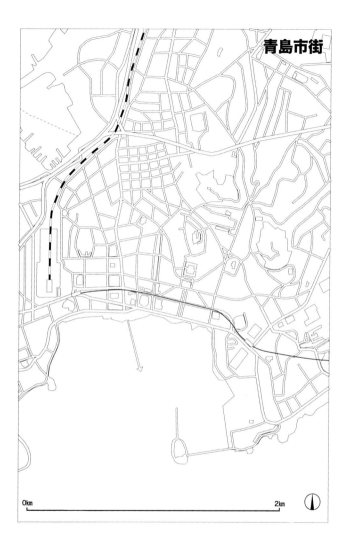

青島市街

Shandong 白地図

【白地図】煙台

CHINA
山東省

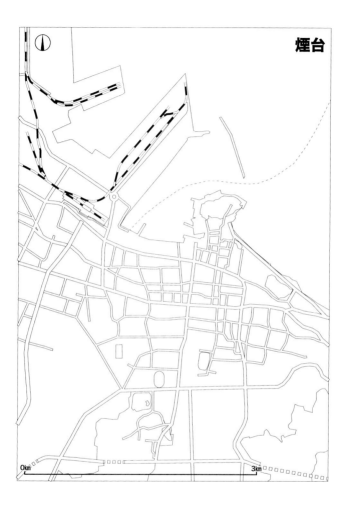

【白地図】済南

CHINA
山東省

済南

Shandong

白地図

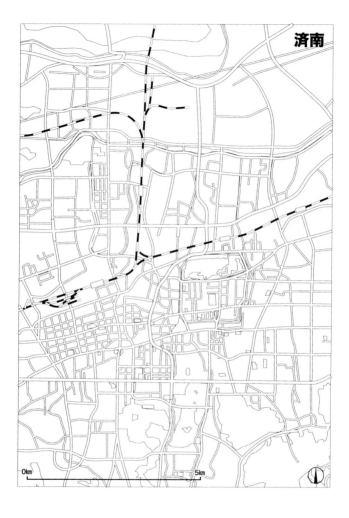

【白地図】済南旧城

CHINA
山東省

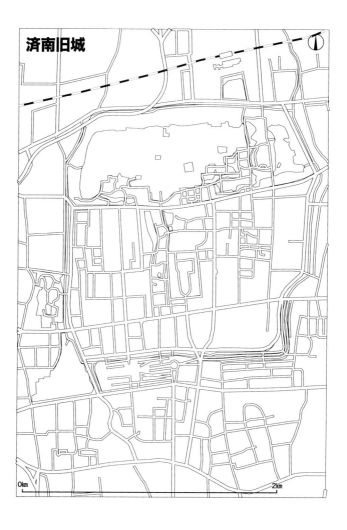

済南旧城

Shandong 白地図

【白地図】泰安

CHINA
山東省

泰安

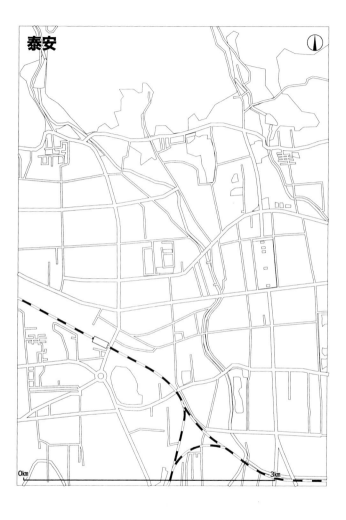

Shandong 白地図

【白地図】泰山

CHINA
山東省

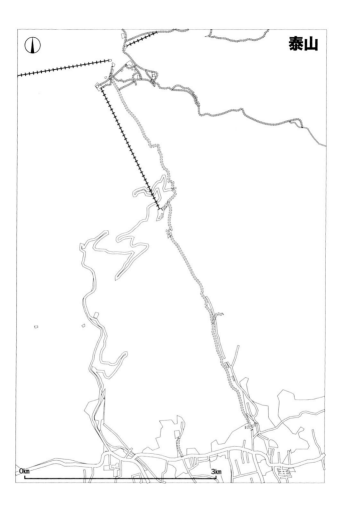

泰山

Shandong 白地図

【白地図】曲阜

CHINA
山東省

曲阜

Shandong

白地図

【白地図】孔廟

CHINA
山東省

孔廟

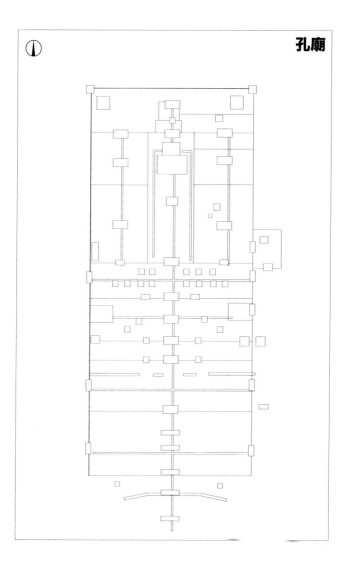

【まちごとチャイナ】

001 はじめての山東省

002 はじめての青島

003 青島市街

CHINA
山東省

004 青島郊外と開発区

005 煙台

006 臨淄

007 済南

008 泰山

009 曲阜

中国を代表する黄河（河）と泰山（山）を擁し、渤海にそそぐ黄河下流域に広がる山東省。春秋戦国時代（〜紀元前3世紀）に諸子百家の活躍した斉や、孔子と儒教を生んだ魯の国があり、紀元前219年、始皇帝は山東の泰山に登って封禅を行ない、中華統一と支配の正統性を天に報告している。

斉魯の国（泰山が斉と魯をわけた）と言われた山東は春秋戦国時代より長らく文化最先進地帯であり、洛陽や開封、北京といった王朝の都に近い。また中国有数の人口密度と豊富

はじめての山東省 Shandong
山東省 Shān dōng shěng
シャンドンシェン

な物資を抱えることから、中国王朝の命運をにぎる地勢をもっていた。近代以降は、三方を海に囲まれた山東半島の港が注目され、青島や煙台といった沿岸部の街が急速に発展した。

中国四大料理のひとつに数えられる山東料理、中国三大宗教のうち道教（泰山）と儒教（曲阜）のふたつの宗教聖地。くわえて孔子や兵法の孫氏（孫臏）、軍師の諸葛孔明、書の王羲之といった人を輩出するなど、中国文明に強い影響をあたえてきた地域が山東省だと言える。

【まちごとチャイナ】

山東省 001 はじめての山東省

目次

CHINA
山東省

はじめての山東省 ………………………………………… xxii

山東発祥中華全土へ ……………………………………… xxix

青島城市案内 ……………………………………………… xxxviii

煙台城市案内 ……………………………………………… liv

氾濫と反乱天下を伺う山東 ……………………………… lxvi

済南城市案内 ……………………………………………… lxxiv

泰山鑑賞案内 ……………………………………………… xciv

曲阜城市案内 ……………………………………………… cx

港としての山東また大男 ………………………………… cxxvi

【MEMO】

【地図】山東省の [★★★]
- ☐ 青島 青岛チィンダァオ
- ☐ 泰山 泰山タァイシャン
- ☐ 曲阜 曲阜チュウフウ

【地図】山東省の [★★☆]
- ☐ 煙台 烟台イェンタァイ
- ☐ 済南 济南ジイナァン

山東省

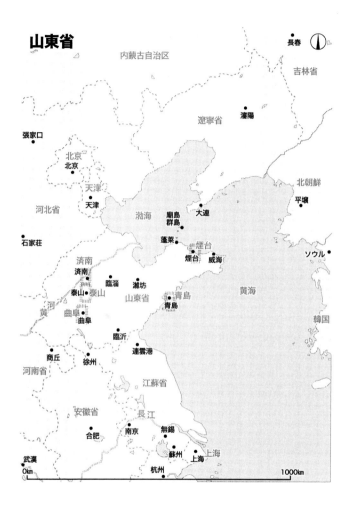

【MEMO】

山東発祥
中華
全土へ

優れた文人、宗教、料理
山東省ではさまざまなものが生まれた
黄河文明を象徴する省のひとつ

山東という世界

黄河全長5464kmのうち、下流部分の617kmは山東省を流れる。山東省に入った黄河は、標高1545mの泰山にぶつかり、その流れを北、あるいは南へと曲げていく（時代によって北流、南流というように変遷し、現在は北流）。また、海に突き出した山東半島は、三方向を海に囲まれ、西の内陸部は北（もしくは南）に流れる黄河によって切り離されていることから、山東という地域はひとつのまとまった世界をつくってきた。このうち、海洋性気候をもつ東側の山東半島と、内陸性気候をもつ西側の内陸部に大きくわけられ、海の幸を食す

CHINA
山東省

る膠東料理、川魚を食する済南料理というように食の系統も異なる。海と山、美しい自然に抱かれた山東では、春秋戦国の斉の時代から、人智を超えた自然神への信仰も盛んで、「天」「地」「兵」「陰」「陽」「月」「日」「四季」といった自然神への祭祀が山東各地で行なわれた。

▲左 孔子は言った「泰山に登れば、なんと天下は小さいのだろう」。　▲右 山東省が誇るブランドの青島ビール

山東の料理

「魯菜」とも呼ばれる山東料理は中国四大料理のひとつで、炸、煎、爆、炒、扒といったきめ細やかな調理法で知られる（山東/北京料理、四川料理、広東料理、淮揚/上海料理が中国四大料理）。この山東料理は大きく済南や内陸部で食べられる済南料理、青島や煙台で食べられる膠東料理、曲阜の孔府料理の3系統にわけられる。済南料理はネギとニンニクといった香味野菜をふんだんに使い、醤油や味噌で濃い目に味つけするのが特徴。コイの丸揚げあんかけ「糖醋鯉魚」が知られるほか、済南には庶民が通う小吃料理の「草包包子」、

CHINA
山東省

焼き餃子の「便宜坊鍋貼」といった老舗がある。膠東料理は鮮度を重んじ、素材の味を活かすことが特徴で、ナマコ、アワビ、ワタリガニ、ホタテといった海鮮が使われる。新鮮な魚を蒸した「清蒸加吉魚」や、醤油でえびを煮込んだ「紅焼大蝦」などが親しまれている。また曲阜の孔府に伝わる孔府料理は、宮廷料理の伝統を受け継ぎ、皇帝をもてなす料理だった(孔府で出されていた宴会料理を孔府宴と呼ぶ)。フカヒレ、燕の巣や熊の手などの豊富な食材、高い調理技術、盛りつけや食材の美しさで知られる。清朝時代、山東の料理人が北京の厨房で活躍し、山東料理は北京料理の原型にもなった。

Shandong｜山東から中華全土へ

道教と儒教の聖地

儒教、道教、仏教という中国三大宗教のうち、儒教（曲阜）と道教（泰山）の聖地が山東省にあり、山東省は儒教と道教の発祥地でもあった。春秋時代の魯国（曲阜）の人であった孔子は、ここで儒教を説き、現在、曲阜は孔廟、孔府、孔林の三孔を抱える儒教聖地となっている。また斉の方士は「渤海には、蓬莱、方丈、瀛洲の三神山がそびえ、仙人が暮らし、不老不死の薬がある」と信じ、始皇帝（在位紀元前221〜前210年）は、東方の三神山に向かって徐福を派遣したが、結局、その願いはかなわなかった（この三神山は「蜃気楼」だとさ

CHINA
山東省

れる)。中国でも古くから天と地を結ぶ柱として山岳信仰が見られたが、平原のなかで突出して高いこと、黄河の流れを曲げる存在であることから、泰山が信仰され、地上の王者(皇帝)はここ泰山で封禅の儀を行なって、その正統性を天に報告した。

▲左　曲阜の孔林、世界遺産に登録されている。　▲右　青島新市街に立つモニュメントの「5月の風」

山東省の街の変遷

黄河、済水といった河川のそばで黄河文明の萌芽（山東龍山文化）が見られた。斉魯の国と言われるように、山東省は春秋戦国時代の斉（「臨淄」）と魯（「曲阜」）を中心とし、ともに中華屈指の文化先進都市であった。古代世界で最高の繁栄を見せた臨淄は漢代には衰退し、以後、「青州（益都）」が台頭し、明代に済南に省都をゆずるまで長らくこの地の中心地であった。一方、隋代に京杭大運河が開通すると、山東省西部の「東平」が交通の要衝として注目され、唐（節度使）以降、宋、元と、東の青州とともに山東西部の中心となった（元

CHINA
山東省

代、マルコ・ポーロは東平に訪れている)。元から明に遷ると、初期は青州が省都だったが、やがて西方の「済南」へと山東省の省都は遷された。こうして明清時代に、現在まで続く済南を省都とする山東省の原型ができあがった。やがてアヘン戦争(1840〜42年)以後、首都北京に近く、三方を海に囲まれている山東省の地の利が注目され、沿岸部の港が開港された。イギリスはじめ各国の領事館がならんだ「煙台」と、ドイツによる植民都市「青島」がそれで、ほとんど何もないところに新たに都市が立ちあがり、この二都市は現在、山東省を代表する港湾経済都市となっている。

**Guide,
Qing Dao**
青島
城市案内

CHINA
山東省

青島という名称は
沖合に浮かぶ小さな小青島（島）に由来する
三方向を海に囲まれた半島状の街

青島 青岛 qīng dǎo チィンダァオ ［★★★］

山東省屈指の大都市で、ドイツ風の赤屋根がならぶ美しい青島。1897年まで漁村が点在するのどかな光景が広がっていたが、その地勢に注目したドイツが自国の宣教師殺害を口実に青島と膠州湾を占領し、翌年、租借を認めさせた。海岸沿いにあった青島村あたりにドイツ人居住区が整備され、太平路、広西路、湖南路、沂水路、江蘇路には今でもドイツ風建築が残る。1898～1914年がドイツ統治時代で、青島に暮らすドイツ人のために、本場ドイツの製造技術をもちいてつくった青島ビールは、今では世界的なブランドとして知られ

青島城市案内 Shandong

ている。このドイツの権益は第一次大戦以降、日本に受け継がれ、多くの日本人が青島に進出し、人口の増加、工業化などで華北を代表する港町へと成長をとげた。ドイツ風建築のならぶ「旧市街」、かつての青島郊外だったが現在は青島有数の繁華街を擁する「台東」、また東郊外の新たな行政、金融の中心となっている「香港中路」が一体となり、市域は拡大している。海からの心地よい風が吹く青島は、中国でも屈指の住環境をもつ街として知られる。

【地図】青島

【地図】青島の [★★★]
- [ ] 青島 青岛チィンダァオ
- [ ] 桟橋 栈桥チャァンチャオ
- [ ] 青島ビール博物館 青岛啤酒博物馆 チィンダァオピイジィョオボオウグゥアン

【地図】青島の [★★☆]
- [ ] 八大関景区 八大关景区バアダアグゥアンジィンチュウ
- [ ] 崂山 崂山ラオシャン

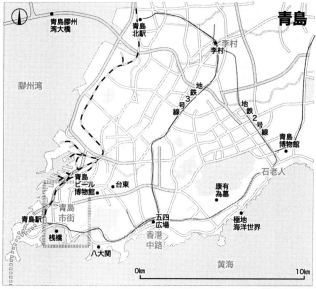
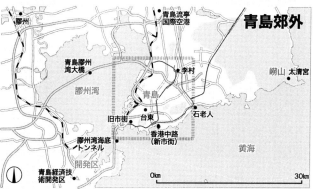

【地図】青島市街

【地図】青島市街の [★★★]
- ☐ 青島 青岛チィンダァオ
- ☐ 桟橋 栈桥チャァンチャオ

【地図】青島市街の [★★☆]
- ☐ 江蘇路基督教堂 江苏路基督教堂
  ジィアンスウルウジィドゥジィアオタァン
- ☐ 青島徳国総督楼旧址 青岛德国总督楼旧址
  チィンダァオダアグゥオゾォンドゥロウジィウチイ

【地図】青島市街の [★☆☆]
- ☐ 浙江路天主教堂 浙江路天主教堂
  チャアジィアンルウティエンチュウジィアオタァン
- ☐ 天后宮 天后宫ティエンフゥオゴォン
- ☐ 小魚山公園 小鱼山公园
  シィアオユウシャンゴォンユゥエン

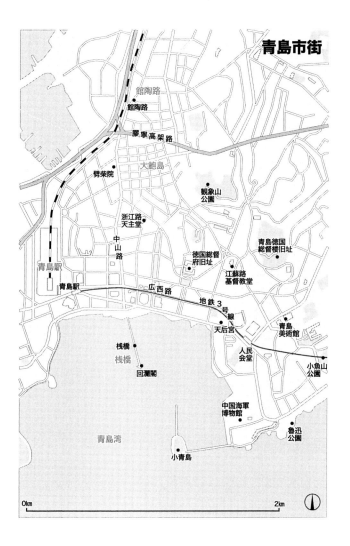

山東省

桟橋 栈桥 zhàn qiáo チャァンチャオ［★★★］

1891年、清朝が物資の荷揚げのために整備した桟橋。ドイツ時代に延長工事が行なわれ、長さ440 m、幅8mの現在の姿となった（西の大港が完成するまでこちらが港だった）。多くの人が訪れる青島のランドマークとなっていて、桟橋の先端には青島ビールのラベルでも見られる回瀾閣が立つ。

▲左 桟橋とその先に立つ回瀾閣には多くの人が訪れる。　▲右　江蘇路基督教堂はドイツ統治時代の傑作建築

江蘇路基督教堂 江苏路基督教堂 jiāng sū lù jī dū jiào táng ジィアンスウルウジィドゥジィアオタァン［★★☆］

ドイツ統治時代の1910年に建てられたキリスト教会の江蘇路基督教堂。多くのドイツ人が信仰するプロテスタントの教会で、時計をつけた高さ36mの鐘楼と、礼拝堂が非対称にならぶ。生命力ある石張りや円形窓といった特徴的な外観をもつ。

山東省

青島徳国総督楼旧址 青岛德国总督楼旧址
qīng dǎo dé guó zǒng dū lóu jiù zhǐ
チィンダァオダアグゥオゾォンドゥロウジィウチイ [★★☆]

青島市街を見渡せる高さ98mの信号山に立つ青島徳国総督楼旧址。1903〜07年に建てられ、ドイツ統治（1898〜1914年）時代の最高権力者であるドイツ総督がここで暮らした。彫刻的な装飾、変化に富んだ荒々しい壁面をもち、内部の調度品も贅のかぎりが尽くされている。

浙江路天主教堂 浙江路天主教堂
zhè jiāng lù tiān zhǔ jiào táng
チャアジィアンルウティエンチュウジィアオタァン［★☆☆］

青島旧市街の小さな丘に立つ高さ56mの浙江路天主教堂。1934年に建てられたローマ・カトリック教会で、双塔のゴシック建築となっている。広場には露店や飲食店が集まり、中山路と石だたみの坂道で結ばれている。

天后宮 天后宫 tiān hòu gōng ティエンフゥオゴォン［★☆☆］
ドイツによる植民がはじまる以前からあった道教寺院の天后

宮。明（1368～1644年）代の建立で、天后こと海神娘々（媽祖）がまつられている。青島村の人たちはじめ、この地方の漁民や船乗りたちから信仰を集めてきた。

小魚山公園 小鱼山公园 xiǎo yú shān gōng yuán
シィアオユウシャンゴォンユゥエン ［★☆☆］
赤レンガ屋根の続く青島旧市街の街並みを一望できる小魚山公園。高さ61mの山上には、三層八楼の覧潮閣が立つ。

▲左　落ち着いた雰囲気に包まれた八大関景区の花石楼にて。　▲右　青島では丘に登って街並みを眺めてみよう

八大関景区 八大关景区 bā dà guān jǐng qū
バアダアグゥアンジィンチュウ［★★☆］

旧市街から少し離れた青島第二海水浴場そばにある別荘地の八大関景区。この一帯の通りは中国を代表する「関所」の名前をもち、最初8条あったため八大関と呼ばれた。19世紀末から20世紀初頭に建てられた近代建築が残り、それらは青島に進出した世界各国の様式をもつ。なかでも中華民国の総統となった蒋介石（1887～1975年）と宋美齢が過ごした花石楼は、ヨーロッパの古城のようなたたずまいを見せる。

山東省

青島ビール博物館 青岛啤酒博物馆
qīng dǎo pí jiǔ bó wù guǎn
チィンダァオピイジィョオボオウウグゥアン ［★★★］

青島ビールの工場は旧市街から北東に離れた台東につくられ、現在は青島ビール博物館として開館する。青島駐在のドイツ人船員に本場のビールを提供する目的で、1903年、青島ビールは設立された。ビールづくりのための麦芽、ホップ、瓶にいたるまでドイツから輸入し、工場ではドイツ人技術者、労働者が働いた。青島ビールの歴史を図版や資料で紹介するA館、ドイツ時代の工場の様子、醸造の様子が紹介されるB

▲左 おなじみの緑色の缶が出荷されていく。 ▲右 自然豊かな道教聖地の崂山

館からなり、またC館では酵母の生きたできたばかりの新鮮な青島ビールを飲むことができる。

崂山 崂山 láo shān ラオシャン［★★☆］

青島の東郊外に位置し、「海上名山第一」と呼ばれる景勝地の崂山。春秋戦国時代から斉や燕の方士がこの地に居を構え、紀元前219年に始皇帝が仙薬を求めて登ったとも伝えられる。海からの波しぶき、美しい峰々、絶壁、泉、寺廟が美しい景観を見せ、漢代の紀元前140年に建立された太清宮（下宮）や上清宮（上宮）などが位置する「太清遊覧区」はじめ、高さ657mに立つ奇石の棋盤石が立つ「棋盤石遊覧区」、太平宮が位置する「仰口遊覧区」、高さ1132.7m、崂山最高峰の巨峰（崂頂）を中心とした「巨峰遊覧区」などが位置する。

Guide, Yan Tai

煙台
城市案内

CHINA
山東省

煙台、登州（蓬莱）、威海衛といった
山東半島北岸のエリアは
中国と東北部、朝鮮半島、日本の紐帯点でもあった

煙台 烟台 yān tái イェンタァイ ［★★☆］

煙台という街名は、1398年、海岸部を荒らす倭寇対策のために建てられた「狼煙墩台」に由来する。山東半島北岸では、煙台の北西65kmに蓬莱（登州）があり、そこから遼東半島に向かって渤海上に点在する廟島群島が位置する。このルートが中国と東北部、朝鮮半島、日本を往来する人びとの海の道となり、初期の遣唐使もここを通って中国にいたった。1856年のアロー戦争後の天津条約では、当初、蓬莱（登州）が開港予定地だったが、港湾環境が注目されて煙台が開港し、蓬莱（登州）の繁栄を受け継ぐように寒村に過ぎなかった煙

Shandong 煙台城市案内

台の発展がはじまった。そしてこの港町煙台は、西欧人には北郊外に浮かぶ芝罘島由来の「芝罘（チーフー）」という名前で知られていた（芝罘島は、始皇帝が祭祀を行なった場所でもあった）。煙台港に突き出した半島状の煙台山に西欧の領事館がならび、周囲の埠頭には、商社、銀行などが進出して、当時の近代建築は今も残る。煙台は青島に次ぐ山東省第2の港町であり、ぶどうや桃などのフルーツの産地（葡萄酒城）としても知られている。

【地図】煙台

【地図】煙台の [★★☆]
- ☐ 煙台 烟台 イェンタァイ
- ☐ 朝陽街 朝阳街 チャオヤンジエ
- ☐ 煙台山 烟台山 イェンタァイシャン
- ☐ 張裕酒文化博物館 张裕酒文化博物馆 チャンユウジィウウェンフゥアボオウウグゥアン
- ☐ 煙台民俗博物館（天后宮）烟台民俗博物馆 イェンタァイミィンスウボオウウグゥアン

【地図】煙台の [★☆☆]
- ☐ 毓璜頂公園 毓璜顶公园 ユウファンディンゴォンユゥエン
- ☐ 第一海水浴場 第一海水浴场 ディイイハイシュイユウチャァン

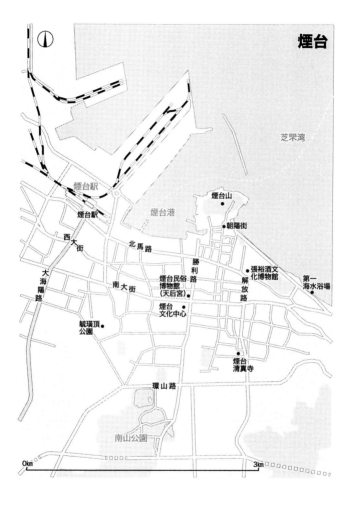

山東省

朝陽街 朝阳街 zhāo yáng jiē チャオヤンジエ［★★☆］
煙台山へまっすぐ伸びる朝陽街には、1861年の煙台開港直後から銭荘や商社、商業店舗が集まった。近くの海岸街、海関街とともに煙台埠頭の雰囲気を伝え、現在も石づくり、2階建ての近代建築をもつ当時の街並みが見られる。

【MEMO】

CHINA
山東省

煙台山 烟台山 yān tái shān イェンタァイシャン ［★★☆］
海に突き出した半島状の煙台山（高さ 42.5m の丘陵）。明代の 1398 年、ここに倭寇襲来を告げる「烽火台（煙台）」が建てられたことから、煙台発祥の地と言える。アヘン戦争以後の 1861 年に煙台の開港が決まると、中国進出をうかがうイギリス、アメリカ、ドイツ、デンマーク、日本などが煙台山に拠点を構え、17 か国の領事館がならんだ。現在、アメリカ領事館旧址、東海関副税務司官邸旧址、イギリス領事館旧址をはじめとする建築群が残り、それらは博物館として開館している。

▲左　煙台山とその頂上に立つ灯台。　▲右　膠東半島南岸の青島ビールに対して北岸の煙台はワイン、張裕酒文化博物館にて

張裕酒文化博物館 张裕酒文化博物馆
zhāng yù jiǔ wén huà bó wù guǎn
チャンユウジィウウェンフゥアボオウウグゥアン　[★★☆]

1892年に煙台で設立された中国最初のワイン工場の張裕酒文化博物館。東南アジア華僑の張弼士（1841〜1916年）は、煙台の地を選んでワインづくりをはじめ、改良を重ねながら20年あまりの月日をかけ、ワインを世に送り出した。そのワインの味が評判を呼び、中国を代表するワインブランドへと成長を遂げた（煙台から上海、香港、広州、天津、北京、南京などに輸出された）。煙台は北緯37度に位置し、おだや

かな気候、ブドウ栽培に適した土壌をもち、ワイン生産地として中国全土で知られるようになった。

煙台民俗博物館（天后宮）烟台民俗博物馆 yān tái mín sú bó wù guǎn イェンタァイミィンスウボオウウグゥアン[★★☆]

煙台には明代の1398年に造営された要塞の奇山所（旧市街）があり、その北門外（海側）に海の守り神をまつる天后宮が位置した。1861年の煙台開港後に進出してきた福建商人が資金を出しあって建てたもので1906年に完成した。石彫や木の組みかたは福建省（閩南）の技術が使われていて、煙台

▲左 19世紀の老埠頭文化を今に伝える。 ▲右 かつての天后宮は煙台民俗博物館として開館する

民俗博物館（天后宮）は福建人たちの同郷会館として機能した（福建省泉州で職人がつくった部材を、海路で運んできたという）。演劇が演じられる「戯台」、天后がまつられている「大殿（天后聖母殿）」などが残る。

毓璜頂公園 毓璜顶公园 yù huáng dǐng gōng yuán
ユウファンディンゴォンユゥエン ［★☆☆］

煙台市街南西部、高さ72mの丘陵に展開する毓璜頂公園。元末期に建てられた玉皇廟はじめ、八仙のひとりをまつる呂祖殿などが位置する。

山東省

第一海水浴場 第一海水浴场 dì yī hǎi shuǐ yù chǎng
ディイイハイシュイユウチャァン ［★☆☆］

穏やかな気候、やわらかい砂、波の清浄さをもつ第一海水浴場。街がつくられた当初から煙台は避暑地となり、この砂浜の美しい白砂が知られた。第一海水浴場の西側には、海岸線に並行して広仁路が走り、煙台の埠頭文化を今に伝える。

氾濫と反乱天下を伺う山東

CHINA
山東省

黄河のもたらす莫大な土砂は
標高200mまでの華北平原（沖積平野）をつくり
山東省の街はこの平原地帯に点在している

山東という名

山東とは「山の東側の土地」を意味する。どの山の東をさすかは時代によって異なり、華山（陝西省）、崤山（河南省）、太行山脈（河北省）などがその基点の山となってきた。春秋戦国時代、秦は領土の東にそびえる崤山よりも東（にある秦以外の六国）を「山東」と呼んだ。また漢代は漢中（漢の都長安を囲む盆地）の東にそびえる華山より東を「山東」と呼んだ。「山東」＝「現在の山東省」となったのは明代以降のことで、現在では太行山脈の東側の省として知られ、また太行山脈の西側には山西省が位置する。なお山東という行政区

Shandong 氾濫と反乱天下を伺う山東

名は、宋代の京東東路、西路を受け継ぐ、金代の山東東路、西路ではじめて現れた。金代に続く元代は中書省の管轄で、青州に山東東西道宣慰がおかれ、続く明代にそれが山東布政使司と名前を変えた。この山東布政使司はやがて済南に遷され、現在の山東省の原型ができあがった。

山東を制する者は天下を制する

山東省は、江蘇省や広東省とならんで、中国の省のうち有数の人口と経済規模をもつ。山東省では小麦、とうもろこし、綿花などの農産物が多く収穫され、りんご、ぶどうといった

CHINA
山東省

果物も知られる。三方を海に囲まれていることから、すべての人びとの生活に必要な塩を産出し、それをもとに山東の斉は中華屈指の国力を有していた。また天然資源も豊富で、西の中原、北の河北に通じる交通の便（地の利）からも、王朝を支えるための経済力、文化力を擁したのが山東だった。隋代に京杭大運河が開通して、内陸から海の近くへ政治勢力の中心が遷ると、山東の重要性はより増した。元、明、清代と北京の王朝の生命線となり、「山東を制する者は天下を制する」と言われるほどになった。

▲左 泰山の頂で皇帝たちは封禅を行なった。　▲右 戦国七雄の斉の都があった臨淄

災害、反逆者、英雄を生むところ

暴れ龍にもたとえられ、たび重なる氾濫を起こした黄河の下流域では、戦乱、水害、干ばつ、バッタ（イナゴ）の大群が農産物を食べつくす蝗害などの被害をこうむってきた。山東省のこうした環境から地場の有力者たちは相互扶助のために秘密結社をつくり、塩の販売を行なう任侠集団や新興宗教集団、また英雄が生まれやすい土地でもあった。三国志の劉備玄徳の入蜀以前の集団は、山東地方を中心とした河北の出身者が多数を占め、その乱で唐朝を滅亡させた黄巣（〜884年）は、山東の塩商人を出自とする（近代、慈善団体の世界紅

CHINA
山東省

卍字会は済南に本部をおき、山東省を中心に勢力を広げた)。中央の政治権力のおよびづらい山東南西部、とくに黄河の氾濫原の梁山泊あたりは中原や北京の王朝への反抗拠点として格好の場所だった。宋江を中心とする108人の群盗たちが、朝廷に対して立ち向かっていく『水滸伝』の物語は、山東梁山泊を舞台とし、義理人情に熱い個性的な登場人物は山東人の性質を示すという。

Shandong 氾濫と反乱天下を伺う山東

斉と、諸子百家と

春秋(紀元前770〜前403年)から戦国(紀元前403〜前221年)にかけて、それまでの氏族制度が解体していき、商人層が台頭するなど、社会が大きく変動していた。この時代に登場したのが孔子をはじめとする思想家で、斉の都臨淄では百花繚乱の意見が闘わされていた(紀元前4世紀の臨淄は、35〜40万人という当時世界最大の人口をもっていた)。孟子、荀子などの「儒家」、儒家に対抗した「墨家」、老子とその弟子によって発展した「道家」、信賞必罰の政治を説いた「法家」、外交家蘇秦や張儀の「縦横家」、他の学派にも影響をあたえ

CHINA
山東省

た「陰陽家(陰陽五行説)」が一堂に集まり、斉は戦国七雄のなかでも最高の繁栄を見せた。この春秋戦国時代の斉を受けて、のちの世でたびたび山東に樹立される王朝は、国号を「大斉」とした黄巣、金の傀儡国家の「斉」というように名乗っている。山東省の省都の済南は、斉(せい)と区別して済南(さいなん)と呼ぶ。

**Guide,
Ji Nan**
済南
城市案内

CHINA
山東省

済南は明清時代以来の省都
山東省を象徴する山と河川
泰山が南に、黄河が北に位置する

済南 济南 jǐ nán ジイナァン ［★★☆］

済南という地名は漢代から知られ、済水（現在の黄河）の南に位置することから名づけられた。古くは龍山文化（済南東30kmの龍山鎮）の中心地で、宋代に済南府となって発展し、明清時代には山東省の省都となった。南の泰山山系から流れてくる地下水が済南の地でとどまり、石灰岩の裂け目から噴出して泉となって現れるため、「泉城」とも呼ばれる。「天下第一泉」とたたえられる趵突泉はじめ、済南には七十二泉の名泉がわき、それらが流れこんで済南旧城の3分の1を占める大明湖をつくる。華北にあって山水の豊かな地は、杜甫や

済南城市案内

Shandong

李白をはじめとする多くの文人に愛され、「済南名士多」の言葉でも知られた。街は、明清時代以来の「済南旧城」と、清朝末期の1904年、西欧諸国へ開いた「旧商埠地」を中心とする（商埠地は鉄道駅を中心に整然とした碁盤の目状の区画をもち、済南旧城と双子都市の様相を呈していた）。現在、済南市街の東西郊外に開発区がつくられ、市域はさらに拡大している。

【地図】済南

【地図】済南の [★★★]
- ☐ 趵突泉公園 趵突泉公园
  バァオトゥチュゥアンゴォンユゥエン
- ☐ 大明湖風景区 大明湖风景区
  ダアミィンフウフェンジィンチュウ
- ☐ 千仏山 千佛山チィエンフウシャン

【地図】済南の [★★☆]
- ☐ 済南 济南ジイナァン

【地図】済南の [★☆☆]
- ☐ 泉城広場 泉城广场
  チュゥエンチャァングゥアンチャアン
- ☐ 解放閣 解放阁ジエファンガア
- ☐ 西関 西关シイグゥアン
- ☐ 済南鉄道駅 济南火车站ジイナァンフゥオチャアジアン
- ☐ 黄河 黄河フゥアンハア

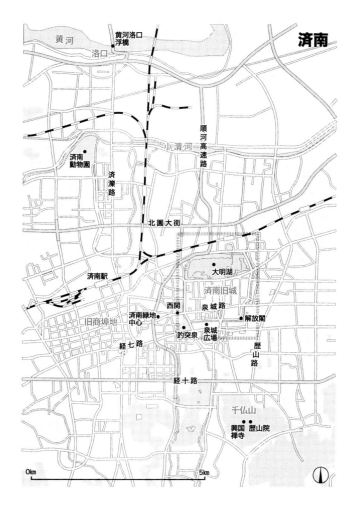

【地図】済南旧城

【地図】済南旧城の ［★★★］
- [ ] 趵突泉公園 趵突泉公园
  バァオトゥチュゥアンゴォンユゥエン
- [ ] 大明湖風景区 大明湖风景区
  ダアミィンフウフェンジィンチュウ

【地図】済南旧城の ［★★☆］
- [ ] 済南 济南 ジイナァン
- [ ] 芙蓉街 芙蓉街 フウロォンジエ

【地図】済南旧城の ［★☆☆］
- [ ] 泉城広場 泉城广场
  チュゥエンチャァングゥアンチャアン
- [ ] 曲水亭街 曲水亭街 チュウシュイティンジエ
- [ ] 解放閣 解放阁 ジエファンガア
- [ ] 西関 西关 シイグゥアン

済南旧城

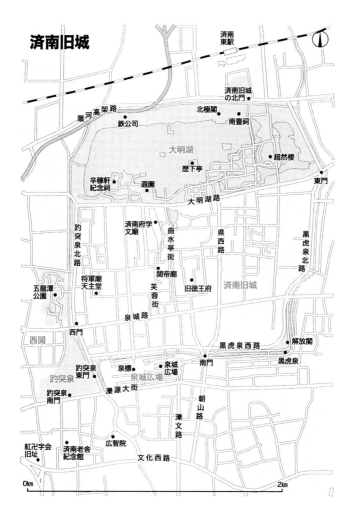

山東省

泉城広場 泉城广场 quán chéng guǎng chǎng
チュゥエンチャァングゥアンチャアン ［★☆☆］

済南旧城の南門外（南関）の地に、1999年に整備された泉城広場。東西790m、南北220 mの広場の中心には「泉標」が立ち、この街のランドマークとなっている（泉標は篆書体で「泉」という文字が表現されている）。近くには銀座商城が位置するほか、済南恒隆広場、貴和購物中心といった大型商業店舗が集まる。

▲左　新たな済南のランドマークとなっている泉城広場の泉標。　▲右　こ こが天下第一泉と称された趵突泉

趵突泉公園 趵突泉公园 bào tū quán gōng yuán
バァオトゥチュゥアンゴォンユゥエン ［★★★］

「天下第一泉」と謳われる水質の良さ、甘美さで知られた趵突泉。唐宋八大家のひとり曾鞏（1019〜83年）が斉州知州（済南知事）時代に、趵突泉とその周囲を整備し「斉多甘泉、冠于天下（済南には甘美な泉が多く、それらは天下最高のもの）」とたたえた。清朝第4代康熙帝、第6代乾隆帝が訪れて趵突泉の水で茶を飲むなど、皇帝や文人にも愛されてきた。趵突泉は、多いときには50cmほど盛りあがり、直方体の泉の周囲を石の欄干がめぐっている。済南でもっとも人が集まる場

山東省

所だった「濼源堂（かつては呂洞賓をまつる呂祖廟）」、西側から趵突泉を望める「観瀾亭」、女流詩人の「李清照紀念堂」などが位置し、複数の景勝地からなる公園となっている。

芙蓉街 芙蓉街 fú róng jiē フウロォンジエ ［★★☆］

済南旧城の中心を南北に走る繁華街の芙蓉街。明清時代からにぎわいを見せ、呉服店の「瑞蚨祥」、百貨店の「文升祥」、山東料理の「燕喜堂」はじめ、写真館や時計店、帽子店などがならんでいた。現在は小吃店や飲食店が集まる通りへと変貌をとげ、関帝廟、府学文廟も位置する。

曲水亭街 曲水亭街
qū shuǐ tíng jiē チュウシュイティンジエ [★☆☆]

「家家泉水、戸戸垂楊」とたたえられた老済南のたたずまいを感じられる曲水亭街。渓流のほとりでは、水に親しんだ人たちの暮らしぶり、石橋のかかる様子など、江南を思わせる風景が広がる。

山東省

大明湖風景区 大明湖风景区 **dà míng hú fēng jǐng qū**
ダアミィンフウフェンジィンチュウ［★★★］

済南に沸く泉の水を集め、この街屈指の景勝地となっている大明湖風景区。湖の周囲は5kmになり、済南旧城の約3分の1の面積を占める。広大な風景区には、杜甫や李白らの文人が酒をくみかわしたという「歴下亭」、高さ51.7mの「超然楼」、済南太守として良政を行なった曾鞏（1019～83年）をまつる「南豊祠」、湖水の量を調節する水門と北門を兼ねた「匯波楼」、大明湖でもっとも高い場所に立つ道教寺院の「北極閣」、明代兵部尚書をつとめた鉄鉉（1366～1402年）をま

▲左 済南旧城、にぎわう芙蓉街。 ▲右 雨が降らずとも水は枯れないという大明湖風景区

つる「鉄公祠」、湖面にのぞむように位置する美しい庭園「遐園」、愛国詩人の辛棄疾（1140〜1207年）をまつった「辛稼軒紀念祠」、清朝の文人の王士禎（1634〜1711年）ゆかりの「秋柳園」などが位置する。済南では、大明湖で採れる野菜をもとにした、明湖菜（蒲菜）と呼ばれる料理も食されてきた。

山東省

解放閣 解放阁 jiě fàng gé ジエファンガア ［★☆☆］

明代の1371年に造営された済南城壁（済南旧城）の南東隅に立つ解放閣。国民党と共産党による国共内戦時の1948年、ここ済南旧城南東隅から突破して、済南を解放したことから、解放閣の名前がある。東西50 m、南北43m、高さ10mの堂々としたたたずまいで、1965年に建てられた。周囲には護城河、済南四大名泉のひとつにあげられる黒虎泉も見られる。

西関 西关 xī guān シイグゥアン ［★☆☆］

済南旧城の西門（濼源門）外にあたる西関は、清朝末期に発展した。共青団路（旧西関大街）にずらりと商店がならび、済南を代表する小吃（肉まん）の老舗の「草包包子」、高さ303m、地上60階建ての高層ビル「済南緑地中心」、1295年に建てられた「清真南大寺」も位置する。

CHINA
山東省

済南鉄道駅 济南火车站 jǐ nán huǒ chē zhàn
ジイナァンフゥオチャアジアン [★☆☆]

済南鉄道駅は、1904年開通の膠済鉄道西端の駅として開業した。済南鉄道駅を中心とする一帯は、同年に清朝自らが開いた商埠地にあたり、欧米の都市計画にならい、碁盤の目状の街区をもつ。東西8の経（馬）路、南北10の緯路が交差し、緯一路、緯二路というように街路は名づけられた。とくに経二路が商埠地で一番の繁華街だったところで、ドイツの徳華銀行旧址やドイツ領事館旧址などが残る。

▲左 儒教、仏教、道教が混交する千仏山。　▲右　黄砂をふくんで黄色くにごった黄河

千仏山 千佛山 qiān fú shān チィエンフウシャン ［★★★］

伝説の帝王である舜が、堯から地位を譲られる以前、この地で畑を耕したという伝説が残る千仏山。舜は歴山（千仏山）で農耕をし、雷沢で漁撈をし、河浜で陶器を焼き、寿丘で日常用具をつくり、負夏で商いをして利益をおさめたという（済南の街は、晋代にこの千仏山の麓に遷された）。「北大門」が正門にあたり、主道の両側には「十八羅漢」がならび、やがて長さ10m、重さ50トンで横たわる「釈迦牟尼涅槃像」にたどり着く。そこから山をのぼっていくと千仏山の中心にいたり、隋代創建の古刹「興国寺」、60体のさまざまな仏像が

CHINA
山東省

刻まれた「千仏崖」、儒教的美徳をそなえた帝王舜をまつる「歴山院」が位置する。千仏山は趵突泉、大明湖とならぶ済南三大名所のひとつで、儒教、道教、仏教が混交し、海抜285mの山の斜面の各所に景勝地が点在する。

山東博物館 山东博物馆 shān dōng bó wù guǎn
シャンドォンボオウウグゥアン［★☆☆］

山東省各地から発掘された遺品を展示する山東博物館。1954年、歴史部門を「紅卍会（上新街）」、自然部門を「広智院（広智院街）」におく東西両院として開館し、2010年に東郊外のこの地に遷された。北朝時代の仏像を展示する「仏教造像芸術展」、漢代の地下墓室に刻まれ、当時の人々の姿がうかがえる「漢代画像芸術展」、山東省の歴史文化を展示する「山東歴史文化展」、明の魯王朱檀墓から出土した遺構「魯王之宝（明朱檀墓出土文物精品展）」などからなる。

山東省

黄河 黄河 huáng hé フゥアンハア [★☆☆]

済南市街の北7kmを流れる華北最大河川の黄河。漢代、この流路では済水が流れ、済南という地名は「済水の南」からとられている。黄河は1875年以後、南流から北流に遷り、かつての済水（大清河）を通るようになった。現在は済南百里黄河風景区として整備されているが、黄河の水量はそれほど多くない。済南北の洛口は古くからの黄河の渡河地点で、長さ300mほどの黄河洛口浮橋がかかる。

Guide,
Tai Shan

泰山
鑑賞案内

CHINA
山東省

中国皇帝たちが封禅を行なった聖なる山
明末には年間80万人の巡礼客を数え
多い日には1〜2万人が泰山へ登ったという

泰山 泰山 tài shān タァイシャン ［★★★］

中国屈指の霊峰で、黄河文明の象徴的存在とされる泰山。標高1545mだが、平原のなかで泰山だけが屹立し、黄河の流れは泰山をよけるように流れていく。史上はじめて中華全土を統一した秦の始皇帝は、紀元前219年、ここ泰山に登って封禅を行ない、統治の正統性を天に報告した。のちの皇帝も始皇帝に続き、中国王朝と泰山が国家祭祀によって結びつけられると、泰山の神さまをまつる東岳廟が中国各地に建てられた。泰山の南麓には門前町の泰安が位置し、泰安岱廟から参道がはじまり、泰山入口にあたる一天門（紅門宮）から天

Shandong 泰山城市案内

に向かって石階段が伸びていく。あわせて6366段の石階段を踏みしめながら、中天門から南天門を過ぎると、岱頂（玉皇頂がある天界）へたどり着く。「天下第一山」「五岳独尊」とたたえられる泰山は、東岳泰山（山東省）、南岳衡山（湖南省）、西岳華山（陝西省）、北岳恒山（山西省）、中岳嵩山（河南省）の五岳のうち、最高の格づけをもつ。

【地図】泰安

【地図】泰安の [★★★]
- ☐ 泰山 泰山タァイシャン
- ☐ 岱廟 岱庙ダァイミィアオ

【地図】泰安の [★☆☆]
- ☐ 泰安 泰安タァイアァン
- ☐ 岱宗坊 岱宗坊ダァイズォンファン
- ☐ 紅門宮 红门宫ホォンメンゴォン
- ☐ 馮玉祥墓 冯玉祥墓フェンユウシィアンムウ
- ☐ 普照寺 普照寺プウチャオスウ

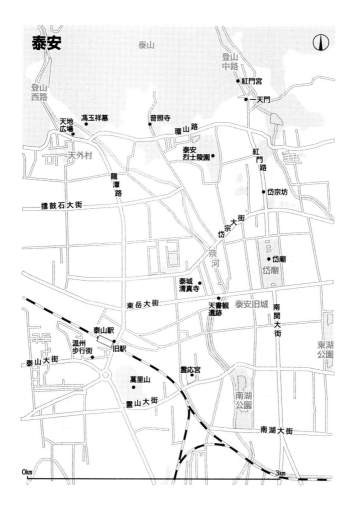

Shandong | 泰山城市案内

【地図】泰山

【地図】泰山の [★★★]
- ☐ 泰山 泰山タァイシャン
- ☐ 玉皇頂 玉皇顶ユウフゥアンディン

【地図】泰山の [★★☆]
- ☐ 南天門 南天门ナァンティエンメン
- ☐ 岱頂 岱顶ダァイディン
- ☐ 碧霞祠 碧霞祠ビイシィアツウ

【地図】泰山の [★☆☆]
- ☐ 紅門宮 红门宫ホォンメンゴォン
- ☐ 中天門 中天门チョンティエンメン
- ☐ 馮玉祥墓 冯玉祥墓フェンユウシィアンムウ
- ☐ 普照寺 普照寺プウチャオスウ
- ☐ 泰安 泰安タァイアァン

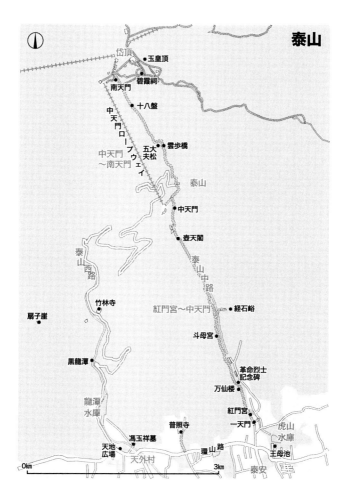

山東省

泰安 泰安 tài ān タァイアァン [★☆☆]

泰山南麓にあり、泰山への門前町として巡礼者を集める泰安。泰安とは「国泰民安」を意味し、秦漢時代からあるという泰山下廟の岱廟が街の中心に位置する(街の大部分を岱廟が占めた)。また鉄道駅と旧城を結ぶ東岳大街が東西に走る。

岱廟 岱庙 dài miào ダァイミィアオ [★★★]

東岳泰山の神さまをまつった岱廟は、山上の岱頂(天)に対応するように山麓(地)に位置する。紀元前219年、秦の始皇帝が封禅を行なったときの祭祀場で、漢(紀元前202〜

▲左　故宮太和殿（北京）、孔廟大成殿（曲阜）とならぶ中国古代三大宮殿式建築の岱廟天貺殿。　▲右　岱廟から北、屏風のように泰山が見える

220年）代には宮殿が建てられていたという（泰山に登る皇帝は、まずここ岱廟を訪れて祭祀を行なった）。中国の伝統的な宮殿建築様式をもち、南北406m、東西237mの敷地に中軸線上とその東西の軸線に建物が配されている。泰山の神さまをまつる本殿の「天貺殿」は中国を代表する木造建築にあげられ、故宮太和殿（北京）、孔廟大成殿（曲阜）とならぶ中国古代三大宮殿式建築のひとつとなっている。また紀元前219年の始皇帝による封禅にあたって刻まれた泰山刻石が残るほか、北門の厚戴門からは屏風のように広がる泰山が見える。

CHINA
山東省

岱宗坊 岱宗坊 dài zōng fāng ダァイズォンファン ［★☆☆］
泰安から泰山の登山口へと伸びる紅門路に立つ岱宗坊（東岳坊）。花崗岩製の三間の牌坊で、明代の1561年に建立された。岱廟を出た巡礼者はここでいったん休憩をとる。

紅門宮 红门宫 hóng mén gōng ホォンメンゴォン ［★☆☆］
泰山登山路の入口に立つ紅門宮。すぐ南側には一天門が立ち、このあたりから山頂への階段がはじまる。紅門宮は明代の1626年に重修され、弥勒仏をまつる仏殿（仏教）の東院と、碧霞元君をまつる道観（道教）の西院からなる。

【MEMO】

山東省

中天門 中天门 zhōng tiān mén チョンティエンメン[★☆☆]
泰山登山路のちょうどなかほどに立つ中天門。ここで標高847mとなり、紅門宮から続く中路と、天外村から伸びる西路が交わる。全長2078mのロープウェイ（索道）が中天門から山頂へ伸びる。

南天門 南天门 nán tiān mén ナァンティエンメン[★★☆]
最大で傾斜70度という難所の十八盤を越えると天界の入口の南天門にたどりつく。一天門、中天門に続く天にいたる3番目の門で、標高は1460mになる。

Shandong | 泰山城市案内

岱頂 岱顶 dài dǐng ダァイディン［★★☆］
泰山の山頂を意味する岱頂は、地上の支配者となった皇帝が、その正統性を天に報告した聖域。最高峰の「玉皇頂」、女神の碧霞元君をまつる「碧霞祠」はじめ、参拝者に食事や茶を振る舞った「天街」、明代の1595年、この地の官吏によって建てられた「孔子廟」、725年に封禅を行なった唐の玄宗の筆による紀泰山銘が残る「唐摩崖」、山頂から日の出を見る絶好の場所の「日観峰」が位置する。泰山のご来光を拝む「旭日東昇」、夕焼けを見る「晩霞夕照」、泰山にかかる雲「雲海玉盤」、夕暮れどき黄河が一筋のベルトのように見える「黄

山東省

河金帯」が岱頂四大奇観とされる。

碧霞祠 碧霞祠 **bì xiá cí** ビイシィアツウ ［★★☆］
泰山の神さまの娘にあたる女神の碧霞元君をまつる碧霞祠。1008年、封禅に臨んだ宋の真宗が、岱頂の玉女池で玉女像を発見し、明清時代になるとその人気は父をしのぎ、「泰山の主」と見られるようになった（子授けの神さまとしての性格が注目された）。碧霞祠では巡礼者がその想いを叶えるために赤い紐を結んでいき、正殿には碧霞元君像がまつられている。

▲左　南天門から先が天界＝岱頂。　▲右　泰山の頂を目指して石階段を登っていく人の姿は絶えることがない

玉皇頂 玉皇顶 yù huáng dǐng ユウフゥアンディン［★★★］

玉皇頂は泰山の最高地点で、標高は1545mになる。ここは歴代皇帝が封禅を行なった聖域でもあり、太清宮が立っていたが、やがて玉皇廟が建てられた。諸神を統べる玉皇がまつられているほか、玉皇頂の前には文字が刻まれていない謎の無字碑が立つ。

馮玉祥墓 冯玉祥墓
féng yù xiáng mù フェンユウシィアンムウ［★☆☆］

馮玉祥（1880〜1948年）は近代中国の軍閥で、一時は最高

山東省

権力を手にするまでになった(クリスチャンジェネラルと呼ばれた)。蒋介石の対日方針を不満とし、1932～35年に泰山で隠居し、読書や著述にはげむ日々を過ごした。死後5年後に馮玉祥の遺言通り、愛する泰山に埋葬された。

普照寺 普照寺 pǔ zhào sì プウチャオスウ ［★☆☆］

六朝(220～581年)時代に創建された古刹の普照寺。道教聖地の泰山にあってめずらしい仏教寺院で、六朝時代からある松を眺めるのに適した「篩月亭(長松篩月)」が残る。

Guide, Qu Fu

曲阜
城市案内

CHINA
山東省

伝説の王の炎帝や少昊も都をおいたという曲阜
この街で生まれた儒教は中国歴代王朝の保護を受け
孔廟、孔府、孔林の三孔は世界遺産となっている

曲阜 曲阜 qū fù チュウフウ ［★★★］

曲阜は春秋戦国時代の魯国にあたり、儒教を唱えた孔子（紀元前551〜前479年）ゆかりの街。当時の曲阜（魯国）は、今の曲阜よりもはるかに大きく、現在の旧城外にある周公廟がその中心であったという。魯国には周公旦が封建され、周の伝統をよく残し、東方の学問、教育の中心地となっていた。孔子は周公旦時代の礼楽、徳治を理想とした儒教を説き、その教えは弟子たちによって広められた。曲阜という街名は隋代の596年にはじめて名づけられ、現在の街は明代に整備された。孔子をまつる「孔廟」を中心に街がつくられていて、

Shandong

曲阜城市案内

その横に位置する孔子子孫の邸宅「孔府」が旧城面積の大部分を占める。また曲阜旧城の中軸線の北側には孔子の墓である「孔林」が位置し、これらを「三孔（世界遺産）」と呼ぶ。曲阜は儒教を生んだ孔子ゆかりの地として、多くの観光客を集めている。

【地図】曲阜

【地図】曲阜の [★★★]
- ☐ 曲阜 曲阜チュウフウ
- ☐ 孔廟 孔庙コォンミィアオ
- ☐ 孔林 孔林コォンリィン

【地図】曲阜の [★★☆]
- ☐ 万仞宮壁 万仞宮墙ワンレェンゴォンチィアン
- ☐ 孔府 孔府コォンフウ

【地図】曲阜の [★☆☆]
- ☐ 闕里 阙里チュエリイ
- ☐ 顔廟 颜庙イェンミィアオ
- ☐ 万古長春坊 万古长春坊ワァングウチャンチュンファン
- ☐ 周公廟 周公庙チョウグォンミィアオ

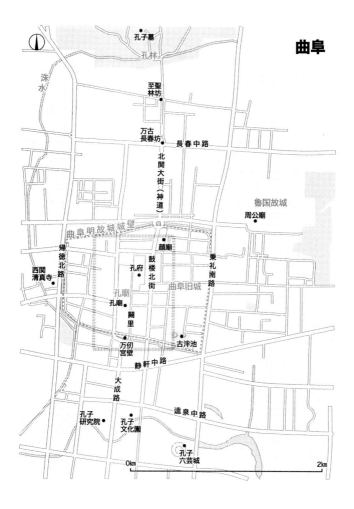

曲阜

Shandong 曲阜城市案内

【地図】孔廟

【地図】孔廟の [★★★]
- [ ] 孔廟 孔庙 コォンミィアオ

【地図】孔廟の [★★☆]
- [ ] 孔府 孔府 コォンフウ

【地図】孔廟の [★☆☆]
- [ ] 闕里 阙里 チュエリイ

孔廟

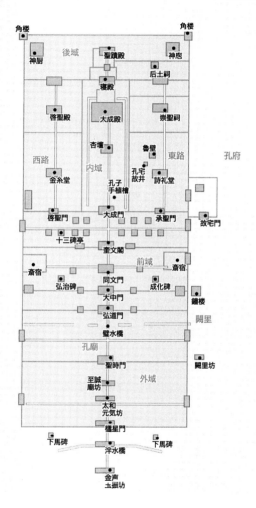

Shandong 曲阜城市案内

山東省

万仞宮壁 万仞宮墙
wàn rèn gōng qiáng ワァンレェンゴォンチィアン[★★☆]

明代の 1522 年に完成した曲阜旧城の正門（南門）の万仞宮壁。当初は仰聖門と呼ばれていたが、1748 年、清の乾隆帝が「万仞宮牆（万仞宮壁）」と名づけた。巨大な双門甕城で、防御に優れ、ここから左右に曲阜旧城をとり囲む高さ 6m の城壁が走る。

▲左　明代に建てられた堂々とした曲阜城門の万仞宮壁。　▲右　孔子をまつる孔廟の大成殿

孔廟 孔庙 kǒng miào コォンミィアオ ［★★★］

孔子（紀元前551～前479年）が生前に使った堂と弟子たちの居室跡に立つ孔廟。当初は小さかったが、宋代に規模が拡大されたのち、明代の1513年に現在の姿となるなど、2000年にわたって増改築が続いてきた。孔廟外の万仞宮壁から孔子像を安置する大成殿へと続く中軸線を中心に左右対称に建物が配置され、高さ5.6mの「金声玉振坊」、孔廟の大門にあたる「欞星門」、第2の門の「聖時門」、明代に大門だった「弘道門」までが孔廟外域とされる。続いて孔廟前域となり、前域の入口にあたる「大中門」から、蔵書楼だった建物「奎

CHINA
山東省

文閣」、中国有数の石碑を残す「十三碑亭」をへて「大成門」に着く。「大成門」から奥が内域で、中路と東西両翼の三路になり、孔子ゆかりの「孔子手植檜」、弟子が読書し、孔子が弦歌鼓琴したという「杏壇」、北京故宮の太和殿、泰山岱廟の天貺殿とならぶ中国三大殿のひとつで、孔子像を安置する「大成殿」へといたる。孔廟最奥部には「聖跡殿」が位置するほか、東路には孔子旧宅があったという場所に立つ「詩礼堂」、秦の始皇帝の焚書坑儒に対して孔子9世の孫孔鮒が『論語』『尚書』『孝経』などの経典を孔子故宅の壁に埋めたという逸話をもつ「魯壁」などが位置する。

闕里 阙里 quē lǐ チュエリイ ［★☆☆］

孔子（紀元前 551 ～前 479 年）の一家が住んでいた場所の闕里。かつては魯国のはずれだったと言われる。木造製の牌坊の闕里坊が立ち、石だたみの路地の両側にはずらりと露店がならぶ。

孔府 孔府 kǒng fǔ コァンフウ ［★★☆］

春秋時代から 2500 年ものあいだ続く中国史上、類を見ない孔家の邸宅の孔府。宋代の 1055 年、第 46 代孔宗願が孔子の子孫に「衍聖公」の爵位を受け、それが子孫に世襲されていっ

CHINA
山東省

たことから、孔府の正式名称を衍聖公府という。孔家は歴代王朝からの保護を受けて莫大な財産を有し、孔府は曲阜一帯の自治権をもっていたという。中国伝統の宮殿様式となっていて、聖府(衍聖公府)の扁額が見える「孔府大門」、両側に壁のない高さ5.95mの「重光門」、孔府の中心建築で、衍聖公が執務をとった「大堂」などが残る。曲阜には孔姓を名乗るものが多いが、孔子一族と家譜で関係しているのは六十宗戸で、これらを内孔、それ以外の孔氏を外孔と呼ぶ。

▲左 孔子の子孫がここで暮らした、孔府大堂。　▲右 泗水のほとりに葬られたという孔子、やがて樹木で埋めつくされ孔林となった

顔廟 颜庙 yán miào イェンミィアオ ［★☆☆］

顔回(紀元前514〜前483年)は孔子がもっとも愛した弟子で、食べるものに困るほどの貧しい生活を送りながら、学問にはげんだ。この顔廟は、顔回が住んだという陋巷に立ち、元代の1326年にこの場所に遷されて再建された。孔廟と同じく前後5進の中国伝統宮殿建築の様式をもつ。

万古長春坊 万古长春坊 wàn gǔ cháng chūn fāng ワァングウチャンチュンファン ［★☆☆］

曲阜北門の延恩門から北に北関大街が伸び、長さ1266mの

孔林の神道（参道）をつくる。万古長春坊は明代の1594年に建てられ、曲阜旧城と孔林を結ぶ神道のちょうど中間に立つ。

孔林 孔林 kǒng lín コォンリィン ［★★★］

孔子はじめその子孫たちがまつられた巨大な墓群の孔林。紀元前479年、孔子の亡骸は曲阜の街はずれ、泗水のほとりに埋葬され、弟子たちは孔子の墓の周囲におのおのの故郷の樹木を植えていった。儒教が歴代王朝の保護を受けたことから、この孔子の墓も整備され、敷地が広がっていき、清の康熙帝

時代に現在の規模となった。「至誠林坊」からなかに入ると、洙水（周代の人工河川）にかかる「洙水橋」、孔子の位牌をまつる聖堂の「享殿」、高さ5m、直径12mの土がもられた「孔子墓」、孔子死後、弟子たちは3年のあいだ喪に服したが、そこからさらに3年間（あわせて6年）喪に服した子貢ゆかりの「子貢盧墓処」、また孔子の子の「孔鯉（伯魚）墓」、孫の「孔伋（子思）墓」も残る。孔子墓を中心に孔林をぐるりとめぐるように環状路が走り、さらにその周囲には高さ3〜4mの壁が7kmにわたって続く。

山東省

周公廟 周公庙
zhōu gōng miào チョウグォンミィアオ［★☆☆］

春秋戦国時代の魯国の城壁は、周囲11.5kmになり、その中心に周公廟が立つ。周公旦は魯（曲阜）に封建されたが、実際にはここに来ず、鎬京（西安）にとどまり、幼い成王の摂政として礼楽を定め、周王朝の礎を築いた（孔子は周公を思慕して儒教を説いた）。北宋の1008年、真宗がこの地に周公廟を建てて、周公旦をまつった。その後、元、明清時代を通じて、いくども再建されて現在にいたる。

港として
の山東
また大男

CHINA
山東省

漢代の朝廷に多くの儒者を人材を送り込んだ山東
また唐代、主役の関中系貴族のほかに山東系貴族がいた
一方で山東省は外の世界との接点にもなってきた

海と山東

青島南西郊外の琅琊は、古代中国の五大港にあげられ、秦の始皇帝はここ山東ではじめて海を見たという。山東北岸の渤海では遼東半島まで廟島群島が続き、山東半島と遼東半島の往来は新石器時代からあった（陸地を目視しながら進めるため、古くから中国、遼東半島、朝鮮半島、日本を結ぶ交通路となってきた）。唐代、板橋鎮が膠州湾の膠州におかれると、貿易の拠点となり、唐、北宋（7～12世紀）代を通じて華北最大の港としてにぎわっていた。日本や朝鮮半島から見れば、山東半島は中国大陸への入口にもなり、初期の遣唐使は

Shandong　港としての山東また大男

煙台西郊外の蓬莱（登州）にその第一歩を記した。そのため絹織物、製鉄、製紙などは山東から朝鮮半島、日本へと伝えられている。唐代の山東には新羅コミュニティがあり、山東を拠点とした節度使の李正己は高句麗人だったという（現在でも韓国人や韓国企業は自国から近い青島や煙台などに進出している）。また朝鮮半島から中国沿岸部を荒らした**倭寇**（海賊）の中国への侵犯は、元末の1363年、山東の蓬州からはじまっている。

山東省

近代に列強が進出した山東

明清時代の中国は鎖国を続けていたが、1840〜42年のアヘン戦争の敗北を受けて、沿岸部の都市が開港されていった。長い海岸線をもち、首都北京へも近い山東省の沿岸部は、西欧列強にとって格好の進出拠点となった。1861年、煙台を開港させたイギリスに続いて、1898年、ドイツは青島を領有すると、ドイツ風の美しい街並みをもつ街づくりを進めた。1904年、山東の石炭を運び出す目的で、青島と済南を結ぶ膠済鉄道がしかれ、中国側の山東巡撫の周馥と袁世凱らはこれに対抗するかたちで省都済南を対外開放した（済南旧城の

▲左　山東半島北岸の渤海、海の先は日本へと続く。　▲右　孔子の家があったという曲阜の闕里

西郊外に商埠地を構えた）。またこの時代の 1900 年に、西欧のキリスト教徒の進出に反対する、義和団事件が山東省で起こっている。近代の山東省は、大陸進出をもくろむ日本にとっても権益の地となり、第一次大戦中の 1914 年、青島をはじめとするドイツの権益を奪った。1928 年には日本人居留民保護を目的として出兵した日本軍と中国国民党軍のあいだに武力衝突（済南事件）が起こったほか、戦前の青島には多くの日本人が暮らしていた。

CHINA
山東省

大男の山東人

孔子は 2m 近い大男だったと言われ、現在でも山東省ではアジア人離れした背の高い人がしばしば見られる。紀元前 5 世紀ごろ（春秋時代）の山東臨淄人の遺伝子はヨーロッパ人に近く、その後、東アジア系の人びとがこの地に移住してやがて融合していったともいう。また山東半島と遼東半島、朝鮮半島、日本の往来は新石器時代からあったと言われ、弥生時代の日本に現れる渡来系集団の性質と山東人の類似性も指摘されている。

Shandong 港としての山東また大男

参考文献

───────────────────────────────────────

『滨海度假胜地：青岛』（崔德志主编 / 山东友谊出版社）

『蓝色文化：青岛』（栾纪曾・郑锐著 / 山东友谊出版社）

『中华泰山・天下泰安』（程明主编 / 山东友谊出版社）

『葡萄酒文化：烟台』（王月鹏 / 山东友谊出版社）

『人间仙境・葡萄酒城：烟台』（张丛主编 / 山东友谊出版社）

『泉城济南』（王铁志主编 / 山东友谊出版社）

『泉文化：济南』（戴永夏 / 山东友谊出版社）

『孔孟之乡・运河之都・文化济宁』（杨凤东 / 山东友谊出版社）

『山東の史蹟と史談』（馬場春吉 / 山東文化研究会）

『泰安泰山』（泰安市観光局編、サイキ東・金花翻訳 / 泰安市観光局）

『古代中国人類集団の遺伝的多様性とその時代変遷に関する調査研究』（植田信太郎 / 東京大学）

『世界大百科事典』（平凡社）

青島地下鉄路線図

http://machigotopub.com/pdf/qingdaometro.pdf

青島旧市街 STAY（ホテル＆レストラン情報）

http://machigotopub.com/pdf/oldqingdaostay.pdf

青島新市街 STAY（ホテル＆レストラン情報）

http://machigotopub.com/pdf/newqingdaostay.pdf

済南 STAY（ホテル＆レストラン情報）

http://machigotopub.com/pdf/jinanstay.pdf

まちごとパブリッシングの旅行ガイド

Machigoto INDIA , Machigoto ASIA , Machigoto CHINA

【北インド - まちごとインド】

001 はじめての北インド
002 はじめてのデリー
003 オールド・デリー
004 ニュー・デリー
005 南デリー
012 アーグラ
013 ファテープル・シークリー
014 バラナシ
015 サールナート
022 カージュラホ
032 アムリトサル

【西インド - まちごとインド】

001 はじめてのラジャスタン
002 ジャイプル
003 ジョードプル
004 ジャイサルメール
005 ウダイプル
006 アジメール（プシュカル）
007 ビカネール
008 シェカワティ
011 はじめてのマハラシュトラ
012 ムンバイ
013 プネー
014 アウランガバード
015 エローラ
016 アジャンタ
021 はじめてのグジャラート
022 アーメダバード
023 ヴァドダラー（チャンパネール）
024 ブジ（カッチ地方）

【東インド - まちごとインド】

002 コルカタ
012 ブッダガヤ

【南インド - まちごとインド】

001 はじめてのタミルナードゥ
002 チェンナイ
003 カーンチプラム
004 マハーバリプラム
005 タンジャヴール
006 クンバコナムとカーヴェリー・デルタ
007 ティルチラパッリ
008 マドゥライ
009 ラーメシュワラム
010 カニャークマリ
021 はじめてのケーララ
022 ティルヴァナンタプラム
023 バックウォーター（コッラム～アラップーザ）
024 コーチ（コーチン）
025 トリシュール

【ネパール - まちごとアジア】

001 はじめてのカトマンズ
002 カトマンズ
003 スワヤンブナート

004 パタン
005 バクタプル
006 ポカラ
007 ルンビニ
008 チトワン国立公園

【バングラデシュ - まちごとアジア】

001 はじめてのバングラデシュ
002 ダッカ
003 バゲルハット（クルナ）
004 シュンドルボン
005 プティア
006 モハスタン（ボグラ）
007 パハルプール

【パキスタン - まちごとアジア】

002 フンザ
003 ギルギット（KKH）
004 ラホール
005 ハラッパ
006 ムルタン

【イラン - まちごとアジア】

001 はじめてのイラン
002 テヘラン
003 イスファハン
004 シーラーズ
005 ペルセポリス
006 パサルガダエ（ナグシャ・ロスタム）
007 ヤズド
008 チョガ・ザンビル（アフヴァーズ）
009 タブリーズ

010 アルダビール

【北京 - まちごとチャイナ】

001 はじめての北京
002 故宮（天安門広場）
003 胡同と旧皇城
004 天壇と旧崇文区
005 瑠璃廠と旧宣武区
006 王府井と市街東部
007 北京動物園と市街西部
008 頤和園と西山
009 盧溝橋と周口店
010 万里の長城と明十三陵

【天津 - まちごとチャイナ】

001 はじめての天津
002 天津市街
003 浜海新区と市街南部
004 薊県と清東陵

【上海 - まちごとチャイナ】

001 はじめての上海
002 浦東新区
003 外灘と南京東路
004 淮海路と市街西部
005 虹口と市街北部
006 上海郊外（龍華・七宝・松江・嘉定）
007 水郷地帯（朱家角・周荘・同里・甪直）

【河北省 - まちごとチャイナ】

001 はじめての河北省
002 石家荘
003 秦皇島
004 承徳
005 張家口
006 保定
007 邯鄲

【山東省 - まちごとチャイナ】

001 はじめての山東省
002 はじめての青島
003 青島市街
004 青島郊外と開発区
005 煙台
006 臨淄
007 済南
008 泰山
009 曲阜

【江蘇省 - まちごとチャイナ】

001 はじめての江蘇省
002 はじめての蘇州
003 蘇州旧城
004 蘇州郊外と開発区
005 無錫
006 揚州
007 鎮江
008 はじめての南京
009 南京旧城
010 南京紫金山と下関
011 雨花台と南京郊外・開発区
012 徐州

【浙江省 - まちごとチャイナ】

001 はじめての浙江省
002 はじめての杭州
003 西湖と山林杭州
004 杭州旧城と開発区
005 紹興
006 はじめての寧波
007 寧波旧城
008 寧波郊外と開発区
009 普陀山
010 天台山
011 温州

【福建省 - まちごとチャイナ】

001 はじめての福建省
002 はじめての福州
003 福州旧城
004 福州郊外と開発区
005 武夷山
006 泉州
007 厦門
008 客家土楼

【広東省 - まちごとチャイナ】

001 はじめての広東省
002 はじめての広州
003 広州古城
004 天河と広州郊外
005 深圳（深セン）
006 東莞
007 開平（江門）
008 韶関
009 はじめての潮汕

010 潮州
011 汕頭

【遼寧省 - まちごとチャイナ】

001 はじめての遼寧省
002 はじめての大連
003 大連市街
004 旅順
005 金州新区
006 はじめての瀋陽
007 瀋陽故宮と旧市街
008 瀋陽駅と市街地
009 北陵と瀋陽郊外
010 撫順

【重慶 - まちごとチャイナ】

001 はじめての重慶
002 重慶市街
003 三峡下り（重慶～宜昌）
004 大足

【香港 - まちごとチャイナ】

001 はじめての香港
002 中環と香港島北岸
003 上環と香港島南岸
004 尖沙咀と九龍市街
005 九龍城と九龍郊外
006 新界
007 ランタオ島と島嶼部

【マカオ - まちごとチャイナ】

001 はじめてのマカオ
002 セナド広場とマカオ中心部
003 媽閣廟とマカオ半島南部
004 東望洋山とマカオ半島北部
005 新口岸とタイパ・コロアン

【Juo-Mujin（電子書籍のみ）】

Juo-Mujin 香港縦横無尽
Juo-Mujin 北京縦横無尽
Juo-Mujin 上海縦横無尽
見せよう！デリーでヒンディー語
見せよう！タージマハルでヒンディー語
見せよう！砂漠のラジャスタンでヒンディー語

【自力旅游中国 Tabisuru CHINA】

001 バスに揺られて「自力で長城」
002 バスに揺られて「自力で石家荘」
003 バスに揺られて「自力で承徳」
004 船に揺られて「自力で普陀山」
005 バスに揺られて「自力で天台山」
006 バスに揺られて「自力で秦皇島」
007 バスに揺られて「自力で張家口」
008 バスに揺られて「自力で邯鄲」
009 バスに揺られて「自力で保定」
010 バスに揺られて「自力で清東陵」
011 バスに揺られて「自力で潮州」
012 バスに揺られて「自力で汕頭」
013 バスに揺られて「自力で温州」
014 バスに揺られて「自力で福州」
015 メトロに揺られて「自力で深圳」

【車輪はつばさ】
南インドのアイラヴァテシュワラ寺院には建築本体に車輪がついていて寺院に乗った神さまが人びとの想いを運ぶと言います。

- 本書はオンデマンド印刷で作成されています。
- 本書の内容に関するご意見、お問い合わせは、発行元の
まちごとパブリッシング info@machigotopub.com までお願いします。

まちごとチャイナ
山東省001はじめての山東省
〜青島・煙台・済南・泰山・曲阜［モノクロノートブック版］

2018年 7月30日　発行

著　者	「アジア城市（まち）案内」制作委員会
発行者	赤松　耕次
発行所	まちごとパブリッシング株式会社
	〒181-0013　東京都三鷹市下連雀4-4-36
	URL http://www.machigotopub.com/
発売元	株式会社デジタルパブリッシングサービス
	〒162-0812　東京都新宿区西五軒町11-13
	清水ビル3F
印刷・製本	株式会社デジタルパブリッシングサービス
	URL http://www.d-pub.co.jp/

MP189

ISBN978-4-86143-323-8 C0326　　　Printed in Japan
本書の無断複製複写（コピー）は、著作権法上での例外を除き、禁じられています。